www.tredition.de

AF197255

Oliver Lenzmann

Mit Dir sei Friede!

www.tredition.de

Verlag und Druck: tredition GmbH, Halenreie 40-44, 22359 Hamburg

ISBN
Paperback   978-3-7497-8145-4
Hardcover   978-3-7497-8146-1
e-Book   978-3-7497-8147-8

Inhalt

I. Ist das etwa(s) für mich? S.7

II. Lass mich in Frieden! S.14

III. Wenn es dem Nachbarn nicht gefällt! S.18

IV. Bereit für Frieden? S.23

V. Ruhe und Frieden S.28

VI. Friede sei mit Dir! S.36

Meditation / Innere Reise S.38

I.

Ist das etwa(s) - für mich?

Was ist das überhaupt für ein Ding: Frieden - und kann man diesem Wort überhaupt einen, wie auch immer gearteten Begriff oder eine Definition zuordnen?

Frieden ist, auf die eine oder andere Art, scheinbar in aller Munde. Mal mehr und mal weniger beschäftigt er wohl die Menschen, überall auf der Welt, immer wieder.

Viele, die im Laufe des Lebens eine Menge an Wissen oder Erfahrung sammeln konnten, wagten sogar den Schritt, eine "universelle" Definition, einen Leitfaden für die Sache mit dem Frieden zu ersinnen.

Beseelt von einem, oftmals gut gemeinten und ehrlichen Wunsch, den Mitmenschen und auch der weltumspannenden Menschheits-Gemeinschaft zu helfen,

wirklich zu Dienen -

im besten Sinne des Wortes.

Es mag zahlreiche Menschen geben, welche Frieden über die "Abwesenheit von Krieg" definieren; doch wohl auch mindestens genauso viele, denen diese Definition zu wenig ist.

Doch - Frieden - was ist das für mich, für mich persönlich?

Ist das überhaupt etwas - für mich?

Wenn ich an dieses Wort denke, oder es für mich ausspreche und seinem Klang nach lausche:

Setzt es in mir irgendwo etwas in Bewegung?

Erzeugt es eine Resonanz in meinen Gedanken, in meinen Gefühlen oder Empfindungen, beziehungsweise,

sogar in meinem Körper?

Wenn ich merke, dass dieses Wort oder dieser Begriff in mir etwas auslöst:

Was macht es dann bei meinem Nebenmenschen, den Nachbarn oder Freunden - bei den anderen Menschen überhaupt?

Der Eine empfindet Frieden beim stillen Betrachten einer Blume - versunken in einer Meditation, hinter der geschlossenen Tür seines Zimmers;

und ein wieder anderer Mensch fühlt eine Kraft von Frieden auf dem Surfbrett, während des Ritts auf der perfekten Welle im Kampf mit den elementaren Gewalten.

Da gibt es auch Jene, die brauchen für den Frieden nur eine Couch, eine Decke, etwas Kerzenlicht und ein gutes Glas Wein - während wieder Jemand anderes mit beiden Händen in der Erde des Gartens eine Form von Frieden findet - dabei die Stirn glänzend von Schweiß und die Wangen glühend vor lauter Schaffensfreude.

Wenn ich selbst an einem frühen Vormittag, bei frischer Luft und Morgenröte, in aller Stille mit dem Hund spazieren gehe, ohne dabei anderen Menschen, Autos und lauten Geräuschen einer Stadt und Zivilisation zu begegnen -

ist das für mich eine Art von Frieden.

Ja, sogar auch eine Art von Glück empfinde ich dabei.

Könnte da nicht doch der Schluss naheliegen, dass Frieden ....glücklich macht?

Zumindest vielleicht... könnte.........oder sollte?

Ist das etwas - für Dich – Frieden?

Und wenn ja: Was ist es überhaupt - für Dich?

" ..... der Friede,

der allein versöhnt und stärkt,

der uns beruhigt und unser Gesichtsbild aufhellt,

uns von Unrast und von der Knechtung
durch unbefriedigte Gelüste frei macht,

uns das Bewusstsein des Erreichten
gibt, das Bewusstsein der Dauer,

inmitten unserer eigenen
Vergänglichkeit

und der aller Äußerlichkeiten"

−Claude J. G. Montefiore: 1858−1938,
jüdischer Gelehrter.

II.

Lass mich in Frieden!

Diesen Ausspruch hat wahrscheinlich jeder schon mindestens einmal gehört; entweder genau so, oder in leicht abgewandelter Form, wie zum Beispiel:

"Lass mich zu frieden!"

Was damit gesagt sein soll, wenn diese Aufforderung ausgesprochen wird - meistens vielleicht eher mit Kraft und Nachdruck gerufen - hat nun wohl in den Meisten der Fälle die Bedeutung von:

"Lass mich in Ruhe!"

"Geh' weg!"

"Lass mich allein!"

"Hau ab!"

Was bewegt die Menschen, solche Worte zu wählen?

Bei Begegnungen zwischen Menschen geht es im Leben naturgemäß nicht immer in höchster Form harmonisch zu.

Handlungsweisen, Verhalten oder Aussagen in Gesprächen, die der einen Person unangenehm sind oder diese gar belästigen, gehen wem Anderes oft gar nicht so nahe.

Bei unerwünschtem Verhalten des Gegenübers reagiert der Eine vielleicht nur mit einem Kopfschütteln oder einer knappen Bemerkung des Missfallens, während der Nächste sehr energisch reagiert.

Eine dritte Person mag so etwas "gekonnt" ignorieren, während wieder ein anderer zwar ebenso schweigt, aber die Verärgerung oder Kränkung in sich vergräbt und herunterschluckt.

Könnte man als stiller und unbeteiligter Beobachter mehrere solcher Szenen, mit jeweils anderen Protagonisten verfolgen,

würde man sicherlich feststellen, dass die eigentlich gemeinte Bedeutung von "Lass mich in Frieden!" jedes Mal eine andere ist.

Nehmen wir, für ein kurzes Gedankenspiel, doch einmal winzige Änderungen im ursprünglichen Wortlaut vor - und schauen einfach, was passiert und in welche Richtung das führt.

"Lass mich in Frieden!"

"Lass mich IM Frieden"

"Lass mich zu frieden!"

"Lass mich zufrieden"

"Lass mich ZUM Frieden"

.... wenn es dem Nachbarn nicht gefällt!"

Gibt es wirklich Menschen, welche sich durch die Zufriedenheit von Anderen derart herausgefordert fühlen, dass sie bewusst und absichtlich Zwist und Streitigkeiten vom Zaun brechen?

Man mag denken, derartige Verhältnisse gäbe es wohl eher nur in Seifenopern, Romanen oder Filmen.

Wo selbst bescheidenes Glück und schlichte, aber verwirklichte Ziele und Wünsche den sogenannten "Nachbarn" veranlassen, mit missgünstigen Blicken oder manch unhöflicher Geste zu reagieren.

Gibt es - in umgekehrter Perspektive - Menschen, welche, ohne selbst Anlass zu geben, scheinbar immer wieder den Neid und die Un-Sympathie der Zeitgenossen auf sich ziehen?

Welcher Wahrheitsgehalt steckt in der oft behaupteten These, dass es Menschen gäbe, die von ihrem Umfeld nur entweder tief gehasst oder hoch geliebt würden;

denen man also nur in der einen oder anderen extremen Haltung begegnet?

Zu dem alten Sinnspruch im Titel dieses Kapitels gehört noch folgender, voran gestellte Teil:

"Es kann der Frömmste nicht in Frieden leben, ...

.... wenn es dem Nachbarn nicht gefällt!"

Das führt vielleicht zu der Frage, was Frieden mit Frömmigkeit zu tun hat oder ob diese Beiden überhaupt irgendwie in Zusammenhang stehen.

Könnte man auf den Gedanken kommen, dass ein gewisses Maß an Frömmigkeit überhaupt erst die Voraussetzung bietet, Frieden zu finden?

Wenn man demnach Frömmigkeit mit Religiosität, Glaube oder Gottesfurcht übersetzt, würde das ja bedeuten, dass wohl nur gläubigen Menschen Frieden zu Teil werden kann.

Der Mensch mit der größten Gottesfurcht hat also die größte Chance auf Frieden?

Soll man Furcht vor seinem Gott haben?

Kann das so gemeint sein?

Frömmigkeit wird manchmal auch mit einer gewissen Form von "Kirchengläubigkeit" in Verbindung gebracht und ebenso mit Einfalt, Naivität, einem einfachen Verstand oder einem schlichten Gemüt.

Davon abgesehen, dass wohl sehr vielen Menschen - aus verschiedenen Gründen - der Unterschied zwischen Verstand und Gemüt nicht bekannt oder ersichtlich ist, scheinen alle diese Eigenschaften, die man der Frömmigkeit zurechnet, nicht zur Notwendigkeit für persönlichen Frieden zu gehören.

Denn schließlich können blinder Predigt-Gehorsam oder die Vermeidung von wichtigen Entscheidungen im Leben, genauso schlechte Garantien für Frieden sein, wie eine Abneigung gegen den Gebrauch der Fähigkeit, bestimmte Gegebenheiten, Situationen oder Menschen objektiv und vorurteilsfrei zu bewerten.

Sicherlich gibt es viele, bessere und andere Wege, um zum Frieden zu gelangen - und wohl nicht nur einen Einzigen.

Letzten Endes mögen vielleicht so viele Pfade zum Frieden führen, wie es Menschen auf der Erde gibt.

Kennst Du einen Weg zum Frieden - für Dich?

IV.

Bereit für Frieden?

Wie leicht oder schwer fällt es mir im Getriebe des Alltags, mich an Frieden zu erinnern? Es ist oft kaum zu schaffen, inneres Aufgewühlt-Sein oder auch äußeres Angespannt-Werden in den Griff zu bekommen.

Selbst nur für einige Augenblicke scheinen die eigenen Gedanken und Reize der Umwelt nicht stillstehen oder schweigen zu wollen.

Ich merke manches Mal, wie ich auf die herausfordernde Art mancher Mitmenschen in einer Weise zu reagieren drohe, die ich eigentlich vermeiden will.

Dann kommt es mir vor, als wäre ich von Friedfertigkeit genauso weit entfernt, wie vom entgegen gesetzten Punkt der Erde.

Ist Fried-fertigkeit wirklich eine so schwer zu meisternde Fertig - keit?

Wie reagiere ich, wenn ich in jene berühmte Situation gerate:

"Wenn Dir einer auf die rechte Wange schlägt.......

........halte ihm auch noch die andere hin."

Was soll mir dieses oft bemühte Sprüchlein sagen oder nahelegen?

Kann es anstrebenswerte Friedfertigkeit sein, wenn ich Ungerechtigkeiten oder gar Gewalt widerspruchslos hinnehme und das Unrechte verschweige, verstecke oder unter den Teppich kehre?

Es kommt mir falsch und missverstanden vor.

Bereit sein für den Frieden, Friedfertigkeit, oder umgangssprachlich ausgedrückt: "Fertig sein für den Frieden" lässt sich doch wohl nicht daran bemessen, wie viel Gemeinheit ich zu ertragen fähig bin, ohne dagegen aufzustehen oder ohne mich zu verteidigen, zu schützen.

Das ist ein Gedanke,

der mich eher vom Frieden wegführt,

als dort hin.

Kann ich diesen Gedanken für mich transformieren und in Etwas verwandeln, dass mir hilfreicher und verständlicher erscheint?

Wie wäre es mit:

"Wenn Dich jemand schlecht behandelt, zeige der Person eine andere, vielleicht eher angemessene Handlungsweise auf."

Oder wie wäre es mit:

"Wenn sich jemand Dir gegenüber unangemessen benommen hat, halte ihm diesen Fehler nicht immer wieder vor, sondern komme ihm in versöhnlicher Weise entgegen."

Würdest Du, nach dem Schlag auf die rechte, auch noch die linke Wange hinhalten?

Wie kann man in so einer Situation mit dem folgenden Spruch umgehen, der ebenfalls oft bis zur Erschöpfung bemüht wird?

"Richte nicht, auf dass Du selbst nicht gerichtet wirst!"

Es mag schwerfallen, die Grenze zwischen einem vorschnellen Urteil und einer angemessenen Bewertung richtig zu ziehen.

Doch, nur weil es vielerorts scheinbar dem Zeitgeist entspricht, niemanden und nichts zu bewerten, sollte man doch in herausfordernden Situationen nicht das Denken einstellen und bewusste Entscheidungen vermeiden.

Was hilft Dir, Dich für den Frieden bereit zu machen?

Bereit für Frieden zu sein; heißt das gleichzeitig auch, dass man bereit sein sollte, seinen persönlichen Frieden zu schützen?

Aber der Gedanke ist nicht mehr weit entfernt davon, sich in eine dauernde Verteidigungshaltung zu begeben;

ohne Pause im unterschwelligen Angriffsmodus und in leicht geduckter Stellung durch das Leben zu schleichen.

Ich möchte aber nicht überall um mich herum nur Feinde vermuten, sondern auch an das Positive in den Menschen glauben können, ohne wegen Gutgläubigkeit enttäuschenden Schiffbruch erleiden zu müssen.

V.

Ruhe und Frieden

Auf vielen Bildern oder alten Gemälden, in Museen, auf Postkarten oder auch auf den vielen zahllosen Bildern, die im Internet verbreitet werden sind Orte oder Situationen zu sehen, die einen friedvollen Eindruck erwecken.

Da gibt es weite Perspektiven von Landschaften, Sonnenaufgänge, oder -untergänge, Strandszenen, Berge, Täler oder auch große Detaildarstellungen, wie Wellen auf einem See und dergleichen mehr.

Manchmal scheint es auffällig, wie selten auf diesen Darstellungen Menschen zu sehen sind, oder dass nur wenige Menschen abgebildet sind.

Es ist wohl so, dass Frieden sehr oft in der Abwesenheit von Menschen gesucht wird - in der Entfernung und im Getrennt sein von Anderen.

Bei mir selbst kann ich es auch bemerken.

Es gibt Situationen, da sind mir Mitmenschen zu viel und es kann nicht genug Türen geben, die ich zwischen mir und den Anderen schließen kann.

Doch es kann Frieden ja wohl nicht nur dort geben, wo Menschen nicht anwesend sind, so als wäre jeder Mensch grundsätzlich automatisch ein "Friedens-Störer".

Gibt es etwas,gibt es
Eigenschaften oder Angewohnheiten
unter den Menschen, die unbewusst oder
auch bewusst, das friedvolle Miteinander
stören?

So sehr, dass anscheinend immer mehr
Leute lieber mit sich allein bleiben, da sie
ansonsten weder Ruhe noch Frieden für
sich, und in sich empfinden?

Nichts erklären müssen, nicht
zuhören müssen und keine Fragen
beantworten zu müssen - sondern in
Ruhe und Stille, ohne mitmenschliche
Interaktion und ohne die manchmal
lästige

Ver-Antwort-ung

in zurückgezogener In-Aktivität zu
"versinken".

Das scheint manchmal sehr verlockend -
auch für mich.

Aber soll Frieden so gemeint sein?

Als ein nur süßes Nichts-Tun und gern gepflegte, zurückgelehnte "Mit-sich-Selbst-Zufriedenheit"?

Wenn ich dann weiterdenke:

Was wird eigentlich gesagt, wenn es beim letzten Abschied-Nehmen heißt:

"Ruhe in Frieden"?

Es kann bei der gedanklichen Auseinandersetzung mit dem Thema Frieden sicherlich schon die Schlussfolgerung entstehen, dass es einfacher sei, zu erkennen, was Frieden alles NICHT ist.

Leichter, als eine Erklärung dafür zu finden, was Frieden eigentlich ist und ausmacht.

Man kann sich vielleicht damit zufriedengeben.

Aber ist das nicht eben der breite und bequeme Weg im Leben, vor welchem man uns von verschiedenen Seiten her warnt?

In vielen Weisheitslehren verschiedener Kulturkreise, Überlieferungen, religiösen und nicht-religiösen Texten kann man Geschichten und Erzählungen finden von Menschen, die auf der gleichen Suche waren.

Da wandte man sich auf dem Weg zum persönlichen Frieden an spirituelle Führer, Vorbilder und Lehrer und erhielt manchmal Ratschlag in symbolhaften, überlieferten Worten wie:

"Was nützt uns die schönste Aussicht von einem Berg, der dem Himmel nah ist, wenn wir nicht ab und zu in das grüne Tal hinuntersteigen, um uns Wasser zu holen?"

Einer anderen Persönlichkeit schreibt man folgende Formulierung zu:

"Nun gehe hin in Frieden, und tue, wie ich Dir gesagt habe."

Vielleicht ist hier, wie oft im Leben, der Mittelweg der bessere.

Ein ausgeglichenes Verhältnis zwischen Zurückgezogen-Sein und dem Eintauchen in das bunte Leben als notwendiges Gleichmaß.

Die Aussicht von oben genießen und in den Fluss steigen, um Wasser zu schöpfen.

"Gehe hin in Frieden" -

(bleib friedvoll in Bewegung)

"Tue, wie ich Dir gesagt habe" -

(Handle nach meinen Worten.)

Ein Symbol für diese Ausgeglichenheit und für gleichwertige Notwendigkeit von Aktivität und Passivität kann zum Beispiel im übertragenen, weiten Sinne unser einfacher Atem sein.

Ebenso in der Form eines gleichschenkeligen Kreuzes, wenn man im religiösen Themenfeld bleiben möchte, finden wir den senkrechten und den waagerechten Balken im Gleichmaß.

Im Gegensatz zum sogenannten "Leidenskreuz", bei welchem der senkrechte Balken der Längere ist.

Möglicherweise nennt man das Kreuz mit den gleichlangen Balken nicht umsonst auch das hilfreiche Kreuz oder auch "Erlöserkreuz".

VI.

"Friede sei mit Dir"

Viele Menschen sagen diese Worte beim Abschied und auch bei der Begrüßung zueinander.

Diese Formel wird auch oft mit zahlreichen Personen - historische, religiöse und auch spirituelle - in Verbindung gebracht, welche sie benutzt haben sollen.

Diese und andere Formulierungen werden häufig verwendet und ausgetauscht als rein höflicher Brauch, als ein gut gemeinter Wunsch oder vielleicht auch wie ein Segensspruch.

Doch - ist es nicht - in letzter Konsequenz - viel mehr als das?

Können diese vier Worte mehr in sich bergen, als nur einen frommen Wunsch für den Nebenmenschen?

Ein Satz, der mehr als uns nur beruhigen oder trösten soll - oder vielleicht mehr ist als eine sanfte Erinnerung und Ermahnung an etwas Bedeutungsvolles für unser Leben?

Könnte ich als selbstbewusster Menschengeist es sogar hinnehmen, dass dies eine berechtigte Forderung jener höchsten Autorität der Schöpfung ist, welche ich über mir zu akzeptieren bereit bin?

Nun gibt es ja auch viele Menschen, die überhaupt keine Gedanken an Schöpfung, Religion oder Glauben in sich tragen und denen auch die Vorstellung von einer Art Autorität oder von etwas Höherem völlig fremd ist.

Lässt sich denn auch auf rein naturwissenschaftlichem Gebiet und mit nüchtern anwendbaren und nachzuprüfenden Erkenntnissen ein Sinn oder sogar ein Grund für Frieden finden?

Gibt es überhaupt irgendwo in Natur und Wissenschaft so etwas wie ein Vorbild oder eine Matrix des Friedens, an welche sich ein logischer Verstand halten kann?

Vielleicht muss noch ein anderer Begriff für Frieden, als bisher allgemein üblich, gefunden werden, um diese Frage positiv zu beantworten.

Da ich eher zu verstehen glaube, was und wo Frieden NICHT ist,

als das, was und wo Frieden wirklich ist - bleibt mir vielleicht vorerst Nichts anderes übrig, als den Weg zum Frieden wie eine Einladung zu einem großen Abenteuer zu verstehen.

Wage ich diese Reise und das Abenteuer namens "Frieden" und nehme meinen Mut zusammen?

- Meditation und innere Reise -

Lese den folgenden Text in Ruhe und lasse Dir Zeit dabei. Du kannst an jeder beliebigen Stelle, die Dir angemessen und angenehm erscheint, ein paar Atemzüge lang pausieren.

Du kannst den Text auch in mehrere Etappen aufteilen, oder auch nur Abschnitte davon verwenden, um sie zum Beispiel

als persönliche Mantras mit in den Alltag zu nehmen.

Wenn Du magst und es Dir hilfreich ist, lass Dich von ruhiger Musik während der Meditation begleiten.

Du kannst eine Kerze entzünden, wenn dies Dir hilft, Dich zu sammeln oder eine angenehme Atmosphäre zu schaffen.

Es ist nicht unbedingt nötig, sich in einen besonderen Raum oder ein eigenes Zimmer zurück zu ziehen.

Selbst in einem Café, einem Park oder auch auf einer Zugfahrt gibt es oft ein ruhiges Plätzchen um bei sich selbst einzukehren.

Wenn Du möchtest, kannst Du Dir den Text auch von einer Freundin oder einem Freund in langsamem Tempo und in ruhiger Tonlage vorlesen lassen, beziehungsweise jemand anderem vorlesen.

Beachte aber, welchen Weg Du auch immer wählst, die entsprechend gekennzeichneten Textstellen mit besonderer Betonung.

Mit einem kleinen, technischen und organisatorischen Aufwand kannst Du Dir den Text auch auf ein geeignetes Gerät aufnehmen und für Dich selbst wie eine geführte Meditation verwenden.

"Suche Dir einen ruhigen Ort, an den Du Dich für die nächsten Minuten ungestört und in Stille zurückziehen kannst.

Einen Platz, an dem Du Dich wohlfühlst und der Dir ein angenehmes Gefühl von Sicherheit und Aufgehoben-Sein vermittelt.

Mach es Dir dort ganz bequem. Vielleicht möchtest Du Dich in eine Decke einhüllen, Dich ausstrecken und hinlegen oder einfach entspannt und angelehnt sitzen. Alles ist richtig, das Dir in diesem Moment guttut.

Versichere Dich in Gedanken, dass die nächsten Minuten wirklich ganz Dir gehören können und dass kein Läuten der Tür oder des Telefons Dich stören.

Stelle sicher, dass Du für diese Meditation wirklich nur für Dich da sein kannst.

Erlaube Dir diese Zeit in völliger Ungestörtheit und sei überzeugt davon, dass alle Angelegenheiten oder Personen, für die Du verantwortlich bist, jetzt in absoluter Sicherheit und in vollkommener Ordnung sind

Es gibt Nichts zu tun. Alles ist jetzt richtig und gut.

Komm bei Dir selbst an und spüre nach, ob Du es Dir nicht noch ein kleines bisschen bequemer machen kannst.

Wenn Du dann ein Ausatmen findest, dass sich gut anfühlt, lass mit diesem Atemstrom Deine Anspannung los.

Atme sie einfach aus. Lass sie los und spüre, wie sie Deinen Körper nach außen verlässt oder einfach Richtung Erde fließt.

Dein Atem kommt und geht von ganz allein. Du brauchst Deinem Atem nicht zu helfen, sondern begleite die Bewegung ohne Absicht. Lass ihn kommen und gehen.

Es ist nicht nötig, Deine Augen zu schließen. Doch wenn Du möchtest, kannst Du dies für eine kurze oder längere Weile tun.

Vielleicht hilft es Dir, noch etwas mehr zu Dir zu kommen, wenn Du einfach den Blick Deiner Augen etwas sinken lässt.

Dabei entspannen sich die Augen von ganz allein und Du spürst, wie alle Muskeln im Gesicht und auf der Stirn weich und sanft werden.

Lasse nun den bisherigen Tag oder auch die letzte Zeit an Deinem inneren Auge vorüberziehen.

Vielleicht findest Du Gelegenheiten oder Situationen, in denen Du Kraft, Aufmerksamkeit und Energie zurückgelassen hast.

Bedaure es nicht, aber sammele nun diese Splitter Deiner geistigen Kraft wieder ein. Stell Dir vor, oder siehe, beim ruhigen Einatmen, wie kleine, sanft glitzernde Lichtfünkchen von überall her still und ruhig zu Dir zurückfließen.

Komm ohne Hast und in Ruhe wieder ganz bei Dir an und spüre, dass Deine verstreute Kraft und Aufmerksamkeit jetzt wieder völlig bei Dir sind.

Lass den hellen, sanften Strahl Deiner Aufmerksamkeit nun langsam an den Ort wandern, den Du für Dich selbst liebevoll "Dein Herz" nennst.

Erlaube diesem Ort, diesem Platz, diesem Raum ein klein wenig weiter zu werden.

Spüre in diesem inneren, eigenen Heiligtum des Herzens jene Kraft, die Dich bewegt und leitet.

Empfinde im Inneren Deine eigene Autorität, die Kraft des wohlwollenden und ewigen Geistes, die Kraft und Macht, welche Dir anvertraut ist und lass Sie eine Gestalt annehmen.

Ein Wesen oder eine Form, was immer sich auch zeigen möchte.

Stimme zu, was immer auch in Deinem Herzen sichtbar wird. Vielleicht ist es Dein innerer Lehrer oder ein äußerer Lehrer.

Vielleicht ist es ein ruhiges aber kraftvolles Leuchten, ein strahlendes Licht ohne erkennbare Form oder ein erfüllendes Gefühl.

Nun höre das Wort, welches durch Deine innere Wahrnehmung schwingt und Dein inneres Ohr berührt: Friede.

Nimm es auf und lass es durch Dich wiederhallen.

Friede.

Atme es aus und ein. Friede!

Wiederhole es und lausche weiter.

Friede sei!

FRIEDE sei!

Friede SEI!

Spüre nach, was diese innere Aufforderung in Dir bewegt.

Wiederhole es und lausche weiter.

Friede sei mit Dir!

Friede sei MIT Dir!

Friede sei mit DIR!

Wiederhole es in Dir

mit dem inneren Bild

und der inneren Autorität.

Spüre in Deinem Herzen

und höre mit den inneren Ohren

was diese Aufforderung in Dir bewegt
und sagen will.

Lass Friede DORT sein, wo immer Du
hingehst.

Lass Friede Dich IMMER begleiten.

Lass es FRIEDE sein, der Dich begleitet.

Lass den Frieden IN Dir
und MIT Dir sein.

Stimme zu und bejahe
voller Zuversicht und innerer
Überzeugung:
Friede sei mit mir - JETZT!
Friede ist in mir - JETZT!

Spüre, wie der Frieden ein sanftes
Lächeln über Deine Augen und auf Deine
Lippen zaubert.

Erlaube Dir etwas tiefer ein- und
auszuatmen.

Wenn Du möchtest, lege Deine Hände
sanft auf Deine Herzgegend.

Halte die innere Empfindung noch einen Moment in deinem Bewusstsein bevor Du langsam und leicht in Deiner eigenen Zeit mit der Aufmerksamkeit in das tagbewusste Hier und Jetzt zurückkommst.

Bleibe noch einen Moment in Ruhe und nimm Deinen Körper wahr, Deinen Atem, Deine Hände und Füße.

Öffne Deine Augen einmal weit und lass den Blick in die Runde schweifen.

Erhebe Dich langsam. Verbinde Dich wieder bewusst mit der Welt.

Öffne ein Fenster oder gehe hinaus.

Geh in Frieden und handle nach der Wahrheit in Deinem Inneren.

Friede sei!

Mit Dir!"

FSC
www.fsc.org

MIX

Papier | Fördert
gute Waldnutzung

FSC® C083411

Zeitfracht Medien GmbH
Ferdinand-Jühlke-Straße 7
99095 Erfurt, Deutschland
produktsicherheit@kolibri360.de